Seelenzauberei

Carina Otto

Seelenzauberei

Eine Reise durch Bilder und Gedanken.

Bibliografische Information der Deutschen Nationalbibliothek:
Die Deutsche Nationalbibliothek verzeichnet diese Publikation in der Deutschen
Nationalbibliografie; detaillierte bibliografische Daten sind im Internet
über http://dnb.d-nb.de abrufbar

© 2009

Herstellung und Verlag: Books on Demand GmbH, Norderstedt

ISBN: 9783839140499

Der Weg

Der kleine Zucker wurde abgestellt,
dramatisch erbeben die Lebensgeister.

Bedrohlich nah kommt das Verlassen,
denkt jemand an mich?

Ein Schweben ohne Kraft
zwischen stechendem Schmerz und heller
Erleuchtung.

Mit jedem Tun weniger Chancen
zurückzukehren.

Dem Licht näher denn je und vom Schmerz
verlassen,
um endlich da zu sein.

Gekommen oder gegangen?

7

8

Ihr Freund der Regenbogen

Ein Regenbogen spannt sich über's Land,
kleine Perlen rollen hinunter.

Ihre Augen blicken gespannt,
er macht ihr das Leben bunter.

Zeigt seine Farben in voller Pracht
alle am Himmel gemeinsam.

Doch hättest du es jemals gedacht?
Ein Regenbogen ist niemals einsam.

Freundschaften

Sie kommen, sie gehen,
manche bleiben für immer bestehen.

Die Wege werden reifen,
der Freundschaften, die in unser Leben
greifen.

Zu halten was so wertvoll ist, das ist dein
Verlangen.

Doch dass du niemals vergisst,
manches ist nun mal vergangen!

12

Chancen

Chancen schwinden in die Nacht,
was hat der Himmel mit dir gemacht?

Dein Herz ist hell und ganz.
Goldene Kugeln im leuchtenden Glanz.

Doch nichts ist je verloren,
denn du bist als Stern geboren.

Morgengrau

Blaue Kälte kriecht durch die Nacht und hüllt
das Dunkel in weiche Kühle.

Wolken schleichen sich durch die Straßen.
Der Nebel steigt aus dem Asphalt.

Die Ruhe kitzelt die Nacht und schlafende Erde
bemüht sich im Licht neu zu erblühen,

um in Wärme und Geborgenheit zu verweilen.

15

16

Dort

Der Flug ist weit und beschwerlich,
die Rast im Himmelblau und in der Gischt ist
nur vorübergehend.

Unaufhörlich steigt die gläserne Pracht in die
Vollkommenheit.

Sie wächst ins Unermessliche und wird
irgendwann Ihr Ziel erreichen.

Die Schönheit, die filigrane Anmut, die Seele.

Mag sie unterwegs auch zerbrochen sein,
dort wird sie geheilt und man kann keine
Scherben mehr sehen.

Die List

Deine leuchtende Mitte tanzt im Glück.
Du hast die goldene Treppe im Herz.

Endlich denkst du nicht mehr zurück
und gehst nach oben ohne Schmerz.

Vergessen sind die Stufen, die du gegangen bist,
nahmst sie mit so viel Würde und Stolz.

Immer aufgepasst, auf die schäbige List,
denn manche Stufen waren aus brüchigem Holz.

20

Träume fliegen

Nicht alle Träume können fliegen,
manche bleiben am Boden liegen.

Weil sie die Flügel verloren haben
oder sie den Engeln gaben.

Die haben dich mit ihren Flügeln berührt
und dich an der Hand geführt.

Direkt zu deinen Träumen zurück,
direkt zu deinem großen Glück.

Sie wird schwimmen

Der Fluss ist schmutzig, aber nicht tief.
Sie kann darin nicht ertrinken,

nur ersticken im Schlamm der Einfalt.
Doch Sie sucht das tiefe, klare Wasser,

um diesen Weg zu nehmen.
Denn Sie wird lernen zu schwimmen.

24

Drei

Drei Seelen liegen im Streit,
die eine ist der anderen Neid.

Sie zanken solange bis eine fällt.
Keiner da, der sie hält.

Zerbrochen liegt sie in ihrer Schmach.
Die anderen schauen ihr nach.

Was sie getan haben tut ihnen nicht leid
und die eine ist der anderen Neid.

Der Kampf wird immer so weiter gehen,
bis sie sich in der Unendlichkeit wieder sehen.

Maschen des Lebens

Kleine Maschen gehäkelt aus Leben,
sie halten zusammen in gemeinsamer Pracht.

Sie können sich gegenseitig heben,
jede hat die gleiche Macht.

Doch eine Masche ist gerissen,
sie läuft durch das Leben in lichtem Schein.

Du wirst sie nie vergessen,
sie wird immer als Narbe zu sehen sein.

Scheint sie auch dort nicht hinzupassen,
reiche dem Leben die Hand.

Du darfst die Narben nicht hassen,
denn auch Sie gehören zu deinem Gewand.

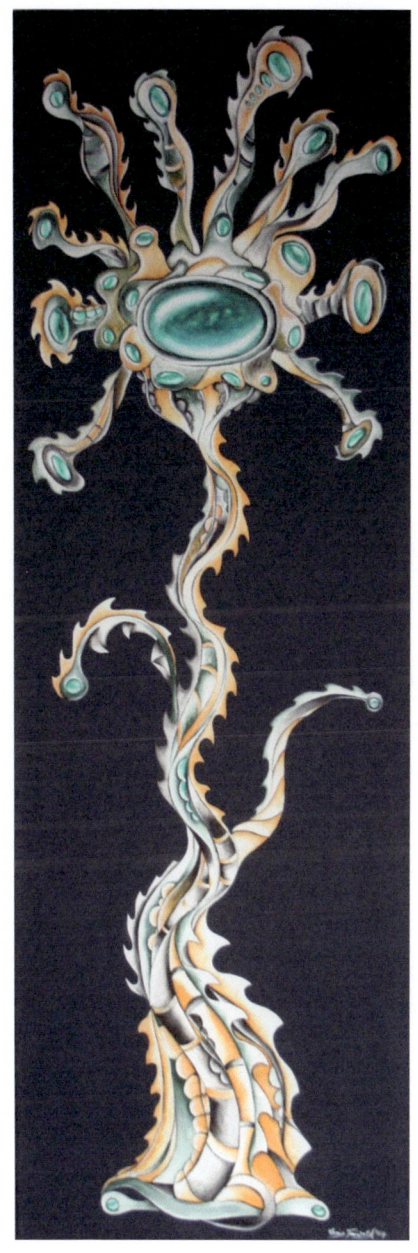

28

Unterschiede

Vergleiche niemals Tag und Nacht,
die eine müde, der andere wach.

Einmal ist es glänzend hell
und einmal ganz dunkel und still.

Doch der eine ist der anderen nicht Neid,
denn ihre gemeinsame Schwester ist die Zeit.

Sie schreibt für beide die Rollen, weil beide
Leben wollen.

Jeder auf seine Weise,
der eine laut die andere leise.

Was dich begleitet

Zähle die Nägel in deiner Haut.
Viele wurden dir auf deinem Weg in dein Leben
geschlagen.

Einige sind klein und leise, doch manche ganz groß
und laut,
aber du hast sie mit so viel Würde getragen.

Geh weiter, denn mit jedem Nagel wirst du lernen,
doch bevor du daran hängen bleibst, darfst du ruhig
mal einen entfernen.

32

Glück im Blick

Perlenaugen in der Nacht,
haben über dich gewacht.

Tragen dich zu deinem Glück,
gib es irgendwann zurück.

Lass sie keine Tränen weinen,
sei mit ihnen stets im Reinen.

Denn Perlenaugen in der Nacht,
haben immer Glück gebracht.

Ein Himmel voller Tränen

Trinke aus dem großen Brunnen, denn
irgendwann werden
die Tränen versiegen und das Sonnenlicht
kehrt zurück.

Vertrau dem Weg ohne zurückzublicken.
Spreng die Ketten um dein Herz und versuche
den Tag zu leben.

Getroffene Seele fange endlich wieder an zu
fliegen.

Herzenslust

Edelgrünes Laub fällt auf dein Gemüt,
schiebst es in dein Herz, dass es keiner sieht.

In kleine warme Wasser, das Auge eingehüllt,
schiebst sie in dein Herz, dass sie keiner fühlt.

Glitzernde Sterne fängst du in der Nacht,
schiebst sie in dein Herz, dass es wieder lacht.

All diese schönen Dinge gibst du in dein Herz hinein,
ich denke, du könntest ein Engel sein.

Jahrmarkt der Eitelkeiten

Auf dem Jahrmarkt der Eitelkeiten jage ich nach
Schätzen.

Im sandigen Boden werden die Figuren feilgeboten.
Viele staubig und schön, einige glänzend und teuer.

Die Verkäufer alt und gebrechlich, erzwingen eine
Entscheidung.

Edelsteine oder Holz?

Ich gehe meinen Weg weiter und belade meinen
Karavan mit Schätzen vom Jahrmarkt der Eitelkeiten.

Viele staubig und schön, andere glänzend und teuer.

40

Ein Narr

Der Narr tanzt albern seine Kreise,
meint er wäre auf seiner schönsten Reise.

Er sei das Maß aller Dinge, so wie er denkt,
als ob sie ganze Welt von ihm abhängt.

Doch er ist nur ein Staubkorn in der großen
Halle,
so wie wir alle.

Hoffnung halten

Selten so verschwommen und in Eile.
Verschwundene Gesichter in der Menge.

Die Farbe will nicht halten.
Masken brechen und Stoff zerfließt.

Wo sollen wir suchen?

Die Menge drängt und wir haben sie verloren.

Die Zeit läuft und der Pöbel schiebt uns
weiter, ohne einen Blick zurück.

Stell dich an den Rand, warte in der Stille und
raste, dann wird sie dich irgendwann wieder
einholen.

Die Hoffnung

44

Feuer und Eis

Kühles Eis im Seelenfeuer,
der Schmerz aus Leidenschaft geboren.

Jeder gute Rat ist teuer,
dein Herz fühlt sich verloren.

Das Eis wird schmelzen mit der Zeit
und der Schmerz wird weichen.

Eine kleine Narbe der Vergangenheit,
nur ein neues Zeichen.

Das Gemälde auf deiner Seelenwand,
wird dein Geheimnis sein.

Nur wer mit dir geht - Hand in Hand -
darf einen Augenblick hinein.

Der kleine Heiler

Verwüstete Seelenlandschaft und offene
Wunden der Erinnerung.
Ruhelose Leere und Sehnsucht nach Heilung.

So kannst du nicht leben.

Der kleine Heiler mit Nadel und Faden wird
deine Seele finden und die Wunden versorgen.

Er wird aufräumen und behutsam den Boden
reinigen.

Alles wird neu wachsen, erblühen und im
goldenen Schein erglänzen.

Du musst ihn nur reinlassen!

47

48

Herzenssache

Das Tor zum Herzen ist nicht für jedermann
sichtbar.

Manche dürfen hinein, andere müssen
draußen bleiben.

Doch Narben hinterlassen die, die drinnen
waren und einfach wieder gingen.

Doch du kannst dein Herz nicht verschließen,
denn wenn niemand mehr drin wohnen darf,
dann stirbt auch deine Seele.

Deine schönste Reise

Auf deiner Reise bist du angekommen,
hast dir im Leben soviel vorgenommen.

Behutsam hast du den Samen gesät
und vorsichtig das Gras gemäht.

Die Frucht hast du gezogen
und mit Fleiß die Ähren gebogen.

Die Welt hast du etwas besser gemacht.
Hast die Liebe in viele Leben gebracht.

Du Engel mit dem schönen Gesicht,
ohne dich ging es nicht.

51

52

Steinige Pfade

Steine fallen in die Enge,
einer stößt den anderen an.

Steine stürzen in die Menge,
weil sie keiner fangen kann.

Steine fallen, Steine fliegen
und die Menschheit möchte hoffen.

Steine bleiben einfach liegen,
doch Steine haben auch getroffen.

Atlantis

Säulen stapeln sich und stützen die letzten
Platten.

Ich schwimme im Becken von Atlantis.
Grünes Meer schimmert wie Smaragde im Tanz.

Das Wasser atmet die Wärme und goldener
Meerschaum glimmt im Nass.

Die Ruhe überzieht alles mit Sehnsucht.
Glocken läuten über die Zeit und die Säulen
werden halten.

56

Das Herz brennt

Die Wurzel blutet ohne Schmerz, das Herz
brennt.

Kaum spürbar läuft das purpurne Elixier
unaufhörlich seine Bahnen.

Einsicht bringt keine Linderung.
Die Wunde ist unheimlich und faszinierend
schön.

Doch der Halt wird alles heilen, denn das Herz
kann nicht verbrennen.

Unendlich

Irgendjemand hält das Universum in den
Händen.
Irgendwo muss es doch enden.

Irgendwie glaube ich an die Unendlichkeit.
Irgendetwas gejagt von der Zeit.

Irgendwann wird es durch seine Finger
gleiten,
denn das Universum kann man nicht halten.

59

60

Schwarzer See

Der See ist tief und kühl.
Schroffe Felsen umgeben ihn in
majestätischer Größe.

Du fliegst, du läufst, du fährst und
schwimmst.
Menschen reden und lachen,
du fühlst dich so sicher, doch der See wird
immer schwärzer.

Eine Lawine aus Geröll stürzt in die Fluten.
Eine dunkle, steinige Welle kommt auf dich zu.

Doch du bleibst einfach stehen,
denn Sie trifft dich nicht und nach der großen
Wand scheint wieder die Sonne.

Nur der See bleibt schwarz bis der neue Tag
erwacht.

Liebe

Kleine Blume in goldener Ganzheit,
verlierst deine Tränen über das glänzende
Blatt.

Morgens tropft Tau über die Schönheit
und über das grüne Glatt.

Weine nicht du Prächtige.
Die Blätter schöner als Marmor.

Dein Weg ist der richtige,
denn der Pfeil traf Dich direkt von Amor.

64

Phönix im Herz

Aus Feuer geboren, mit Asche getauft.
Roten Zauber für sich gewonnen
und zurück in das Leben gerauft.

Du bist so wie die Erdenglut.
Deine Flügel leuchten in der Nacht.

Dich zu wissen tut so gut,
hast das Feuer in meine Seele gebracht.

Zeitkreise

Geboren aus Chaos,
gelaufen auf Stein.

Versucht zu verschwinden,
gesiegt hat das Sein.

Wer will wissen wie deine Seele brennt?
Wer will helfen.

Vom Leben getrennt.
Hineingeraten in das unendliche Leid.

Keiner kann helfen,
- außer die Zeit.

Ganeshas Traum

Versprich nicht die Welt, das kannst du nicht
halten.

Verspreche Erde, Blätter, Wasser und Wind.
Bau deine Träume nicht von oben, von unten
steht dein Fundament.

Du musst nichts befürchten.

Erwarte nicht die Welt,
erwarte Erde, Blätter, Wasser und Wind.

Zähle die Sandkörner in der Uhr deines
Lebens,
sie werden zum Strand am blauen Meer mit

- Erde, Blättern, Wasser und Wind -.

Doch die Seele blieb

Der Baum ist morsch und alt,
doch er hält seine Äste so tapfer fest.

Die Wunden der Zeit schmerzen bald
und jeder Vogel im Geäst.

Der alte Baum ist so müde geworden,
langsam brechen die Stäbe herunter.

Aus einzelnen werden Horden,
doch ein neues Grün ist schon darunter.

Es wird in hellem Glanz erblühen.

Das Herz des alten Baums vermag
in seiner Wurzel zu glühen
und macht ihn so unendlich stark.

72

Kunst

Die schönsten Bilder malt die Natur.
Das Abendrot ist Leben pur.

Blumen wie Gemälde scheint's,
sind sich mit dem Himmel eins.

Viele Tropfen noch so klein,
laden uns zum Träumen ein.

Sternenglanz gibt's in der Nacht.
Wer hat nur diese Kunst gemacht?

Kleine Kreise

Die Piraten in der Nacht,
stehen am Horizont auf den Stufen.

Sich in Sicherheit gebracht,
nach den anderen vergebens gerufen.

Das Schiff in Taumel auf der Reise
und die See wird es sich kaufen.

Was übrig bleibt sind kleine Kreise,
die sich im großen Wasser verlaufen.

76

Morgentau

Der Morgentau ist noch nicht gewichen,
da stehen sie am Ufer der Zeit.

Den Himmel haben sie neu gestrichen,
in der Farbe der Einmaligkeit.

Die Gräser schaukeln im schönen Nass,
sie tanzen und wippen.

So grün und bunt ist das Gras,
ich würde es gern für mich pflücken.

Mondsüchtig

Schemenhafte Umrisse einer Welt,
das zeigt dir die Nacht.

Sie hält viel für dich bereit, in ihrer dunklen
Pracht.

Schau in die Dunkelheit und du weißt,
wie schön die Nacht doch ist.

Doch achte immer auf die Zeit,
damit du den Tag niemals vergisst.

80

Tanz auf den Wellen

In wilder Extase schlägst du die Gischt gen
Himmel,
dort wird sie kleben bleiben.

Du denkst es ist ein Stern?
Es ist nur Schaum am Firmament.

Tanz auf den Wellen und bau dir dein
Universum.

In wilden Bewegungen schlägst du das
Funkeln tief.

Kein Stern spiegelt sich im Nass, denn es ist
nur Schaum am Firmament.

Loslassen

Falsche Flügel gebrochen und ein Körper, der schwer auf dem Grün der Hoffnung aufschlägt.

Doch die Seele tanzt auf dem Asphalt, schießt in die Wolken und sieht die Welt im Traum verschleiert.

Sie schlägt ihre Flügel und fliegt.
Das Licht verschlingt sie und sie ertrinkt in einer Welle der Glückseligkeit

Sie hat alle Bänder getrennt.

84

Das Schiff des Lebens

Seelenfeuer sprüht in die Nacht,
springt und fliegt und läuft vor Glück.

Lange schwebtest du in der Wolkenpracht
und nun darfst du zurück.

Darfst dich mit einem Herz verbinden
und einen Geist für dich gestalten.

Du kannst ein neues Leben finden
und es für dich behalten.

Ozean

Ich schwimme im blauen Meer, unter mir
tanzen die Fische ihren Walzer.

Ich schwebe im glitzernden Nass, sehe blaue
und grüne Pracht.

Edle Sonne scheint in mein Herz, wie gerne
würde ich fliegen,
doch nicht jeder kann ein Vogel sein.

Ich bin nur ein Fisch im großen Ozean.

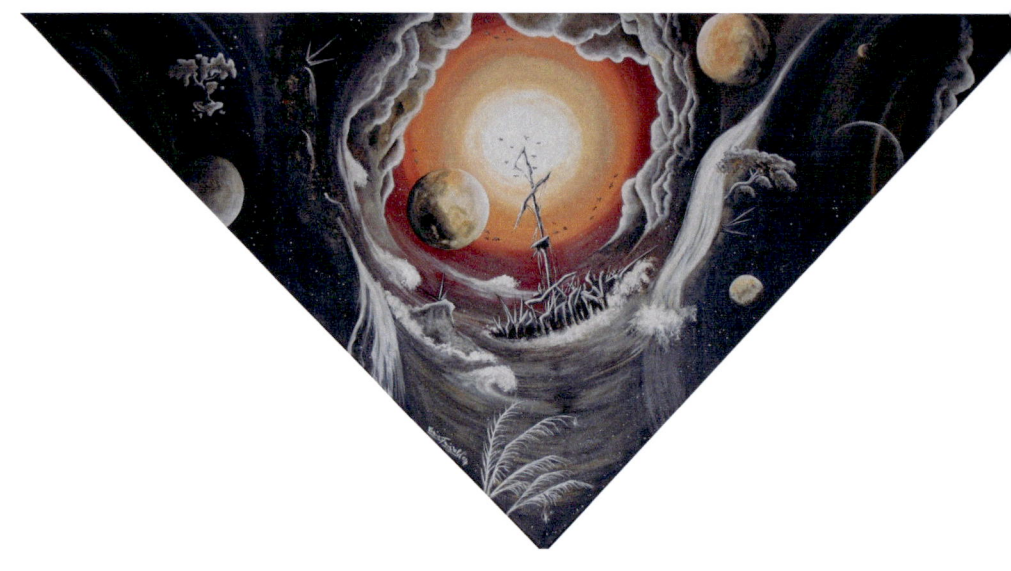

88

Sie waren Helden

Wer glaubt an die Gladiatoren, die Helden der
Arena?

Auf der stürmischen See des Lebens
aufgelaufen und im seichten Wasser
getaumelt.

Wer hat sie schon gesehen, die raue See in
dunkler Nacht.

Wer weiß wie Sterne lenken und wie man
Fahrt auf die Zukunft nimmt?

Dort am Horizont warten die Gladiatoren.

Es ist wie es ist

Ein Fluss ist nur ein Fluss,
solange das Wasser in ihm fließen kann.

Eine Sonne ist nur eine Sonne,
solange sie auf uns scheinen mag.

Ein Stern ist nur ein Stern,
solange er im Universum leuchten darf,

und ein Mensch ist nur ein Mensch,
solange er seine Seele hat.

Nebel

Nebel liegt leicht auf dem Licht.
Glitzernd, träumend ruht er dort.

Er versperrt manch klare Sicht,
doch die Gedanken fliegen fort.

Sie tanzen im Nebel wirbelnd umher
und helle Luft ist merkwürdig klar.

Die Sinne lieben den Nebel so sehr,
doch diese Welt - sie ist nicht wahr.

Kleine Nebel

Kleine Nebel verschleiern deinen Blick,
Wassersäulen stehen starr.
Du schaust zu oft zurück,
vergiss endlich was gestern war.

Nebel können sich lösen.
Dein Blick wird deutlich klarer sein.
Befreit von allem Bösen,
wird das Herz bald wieder dein.

Kleine Tiefen kannst du gehen,
ohne bleibende Narben auf dem Herz.
Man muss das Glück nur sehen,
nicht immer nur den großen Schmerz.

95

Diese eine Liebe

Verstehst du die Sonne wie sie spricht, wie sie hört,
wie sie ruht.
Siehst du den Kampf des Mondes nicht im
übermächtigen Schein der Glut.

Wer zieht die Bahnen weiter im kühlen Einsam der
Nacht.
Scheine weiter im vergänglichen Schatten,
doch gib Acht,
nicht alles zu verlieren was dich dort hält,
weil die Sehnsucht dich so zerstörerisch quält.

Doch irgendwann wird sie dich doch verbrennen und
du gehst mit ihr in die Vollkommenheit.
Dann kann dich die Glut nicht mehr quälen, im
Angesicht der großen Unendlichkeit.

Warten

In der Ruhe des Universums fällt das Warten
leicht,
denn es gibt keine Zeit die drängt.

Die Wurzeln des Lebens erstrecken sich in die
unendlichen Weiten des Seins,

um irgendwann entdeckt zu werden oder um
vielleicht ein weiteres
Mal von vorne anzufangen!

Kleine Perlen

Kleine Perlen eingehüllt,
habe sie mit Liebe gefüllt.

Habe sie in den Himmel geschickt,
kleine Perlen weitergepflückt.

Habe sie mit Hoffnung bepflanzt
und auf dem großen Wasser getanzt.

Kleine Perle ausgesät,
damit sie nicht in Vergessenheit gerät.

Habe sie mit Vertrauen gegossen
und die Zeit mit ihr genossen.

Geh, kleine Perle und fließ,
für mich ins Paradies.

Es kommt immer zurück

Es sah nicht die Tränen,
den Schmerz in der Nacht.

Es hat ihn mir
in meine Träume gebracht.

Es sah nicht den Schmerz,
in meinem Gesicht,

das blutende Herz,
die verschleierte Sicht.

Aber es sah mein Glück,
als es wiederkam.

Das Schicksal brachte zurück,
was es mir einst nahm.

103

Fortsetzung folgt…